통합교과 시리즈 참 잘했어요 사회 ❶

시끌벅적 시장 한 바퀴

ⓒ 글 강효미

1판 1쇄 발행 2013년 9월 17일 | **1판 3쇄 발행** 2022년 7월 20일
글 강효미 | **그림** 우연이 | **감수** 초등교사모임
펴낸이 권준구 | **펴낸곳** (주)지학사
본부장 황홍규 | **편집장** 윤소현 | **편집** 양선화 박보영 김승주
디자인 최지윤 | **마케팅** 송성만 손정빈 윤술옥 이혜인 | **제작** 김현정 이진형 강석준
등록 2010년 1월 29일(제313-2010-24호) | **주소** 서울시 마포구 신촌로6길 5
전화 02.330.5263 | **팩스** 02.3141.4488 | **이메일** arbolbooks@jihak.co.kr
ISBN 978-89-94700-66-3 74300
ISBN 978-89-94700-68-7 74300(세트)
잘못된 책은 구입하신 곳에서 바꿔 드립니다.

제조국 대한민국 사용연령 8세 이상
KC마크는 이 제품이 공통안전기준에 적합하였음을 의미합니다.

 아르볼은 '나무'를 뜻하는 스페인어. 어린이들의 마음에 담긴 씨앗을 알찬 열매로 맺게 하는 나무가 되겠습니다.

홈페이지 www.jihak.co.kr/arb/book | 포스트 post.naver.com/arbolbooks

참 잘했어요 사회

시끌벅적 시장 한 바퀴

글 **강효미** | 그림 **우연이** | 감수 **초등교사모임**

지학사아르볼

사회는 왜 어려울까?

1. 역사·경제·지리·문화·정치 등 공부해야 할 범위가 넓다.
2. 책이나 교과서를 볼 땐 이해할 것 같다가도 돌아서면 헷갈린다.
3. 사회 교과를 공부하기 위해 꼭 알아야 할 단어가 너무 어렵다.
4. 사회 공부 책은 글만 빽빽이 많아서 지루하다.

사회 공부, 쉽게 하려면 통합교과 시리즈를 펼치자!

통합교과란?
- 서로 다른 교과를 주제나 활동 중심으로 엮은 새로운 개념의 교과
- 하나의 주제를 **개념·역사·경제·사회·과학·수학·인물** 등 다양한 교과 영역에서 접근해 정보 전달 효과를 높임

이런 학생들에게 통합교과 시리즈를 **추천**합니다!

사회 교과를 처음 배우는 초등학교 **3학년**
사회가 지겹고 어렵게 느껴지는 **4학년**

통합교과 시리즈

개념
개념을 알아야 주제가 보인다! 개념 완벽 정리

역사
동화·만화·인터뷰 등 재미있게 풀어낸 이야기를 읽다 보면 역사 지식이 머릿속에 쏙!

수학
스토리텔링 수학! 일상생활 속에서 수학적 사고력을 기른다!

체험
글로만 배우는 사회는 그만! 체험을 통해 책에서 얻은 지식을 진짜 내 것으로 만들자!

사회
정치·경제·지리 등 사회 과목을 세부적으로 파고들어 주제에 대한 이해를 높인다!

인물
한 분야를 대표하는 위대한 인물의 리더십과 창의력을 배운다!

차례

미션 1. 생선으로 밥을 지어라! 　　　**개념** 시장이란 무엇일까?

- 16　생선과 곡식을 바꿉시다! 물물 교환의 시작
- 18　최초의 시장으로 어서 오세요!
- 20　물건이 돈이라고? 상품 화폐
- 24　빨간 클립 줄게, 이층집 다오! – 물물 교환의 달인 카일 맥도널드

미션 2. 동전의 정체를 밝혀라!　　　**역사** 시장 덕분에 태어난 화폐?

- 32　향시·경시·방시·시전이 시장 이름이라고?
- 34　조선 시대 시장에 봄이 왔다네!
- 36　튼튼한 두 다리가 장사 밑천! 걸어 다니는 시장, 보부상
- 38　나라와 나라 사이에 시장이 있었다? – 무역의 역사
- 40　백성들은 동전을 싫어해? – 화폐의 역사
- 44　동전 하나는 아무 쓸모가 없다고?

미션 3. 암호 풀어 시장 보기!　　　**수학** 장보기를 통해 알아보는 수학 단위

- 52　반짝이 옷감 3m가 필요해! – 길이의 단위
- 54　0.5L짜리 우유는 어디에? – 들이의 단위
- 56　g을 kg으로 어떻게 바꾸지? – 무게의 단위
- 58　손 하나, 축 하나 주세요? – 우리나라에서만 쓰는 단위
- 62　50% 할인 아이스크림의 진실 – 세일을 통해 알아보는 백분율

미션 4. 김 씨 아저씨를 대박 가게 사장님으로 만들어라! 〔인물〕 역사 속 유명한 상인들

- 70 보이지 않는 손을 찾아라! – 애덤 스미스가 알려 주는 가격의 비밀
- 72 인삼을 불태워 버린 인삼 장수 – 임상옥에게 배우는 장사 잘하는 법
- 74 조선 시대 성공한 여성 상인 – 김만덕이 생각하는 진정한 부자란?
- 78 만 냥으로 온 나라의 과일을 싹쓸이한 장사의 신! – 고전 소설 『허생전』

미션 5. 시장에 가지 않고 물건을 사라! 〔사회〕 오늘날의 다양한 시장

- 86 마우스 클릭 몇 번으로 쇼핑 끝! 인터넷 쇼핑
- 87 텔레비전을 보고 주문해요! 홈 쇼핑
- 88 없는 게 없는 대형 마트
- 89 최고의 서비스로 모십니다! 백화점
- 90 인정이 넘치는 재래시장으로 오세요~
- 92 이런 시장도 있어요! 부동산 시장·주식 시장·석유 시장·외환 시장
- 96 똑똑한 소비자가 가져야 할 똑똑한 습관

미션 6. 안 입는 청바지를 티셔츠로 만들어라! 〔체험〕 남대문 시장

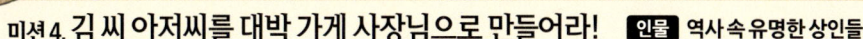

- 104 벼룩이 들끓는 시장? – 벼룩시장의 시작
- 106 역사도 일등, 크기도 일등 남대문 시장
- 114 비행기 타고 시장 보러 가자! – 세계의 시장 이야기

- 116 **워크북**

등장인물

스팀 박사

세계적으로 유명한 경제학 박사지만 까다로운 성격 때문에 조수 구하기가 하늘의 별 따기다. 이번 학회*에는 꼭 **조수**를 데려가기로 결심했다. 조수로 점찍은 사람은 바로 친구의 아들인 훈이. 사회 시험은 늘 빵점이고 말썽꾸러기이지만 조수가 생기기만 한다면 상관없다고 여기고 있다.

★ **학회** 학문을 깊이 있게 연구해 발전시키기 위해서 공부하는 사람들이 만든 모임

훈이

초등학교 4학년. 공부를 못하는데 특히 사회 시험은 늘 빵점이다. 어느 날 스팀 박사가 훈이 엄마에게 훈이를 조수로 삼고 싶다고 말했다. 조수가 되면 사회 시험을 백점 맞게 해 주겠다는 약속도 했다. 훈이는 엄마 때문에 어쩔 수 없이 스팀 박사의 조수가 되기 위한 **미션**을 억지로 통과해야만 한다. 하지만 점점 미션에 흥미가 생기고 사회에 관심을 갖게 된다.

미션 1
생선으로 밥을 지어라!

개념 시장이란 무엇일까?

요즘엔 24시간 불이 켜져 있는 마트나 편의점 덕분에 장보기가 무척 편해졌지요? 그런데 아주 오랜 옛날엔 필요한 물건을 어떻게 구했을까요? 첫 번째 미션은 바로 최초의 시장에 대한 것이랍니다!
훈이가 이 미션을 스스로 해결할 수 있을까요?

생선과 곡식을 바꿉시다! 물물 교환의 시작

먼 옛날 사람들은 먹을 것을 찾아 여기저기 떠돌아다니며 살았어요. 그러다 한곳에 자리 잡고 살아가게 되었지요. 바닷가에 사는 사람들은 주로 물고기를 잡아 배를 채웠고, 들에 사는 사람들은 농사를 지어 곡식을 얻었어요. 하지만 이내 불만이 터져 나왔지요.

"우리는 왜 매일 물고기만 먹어야 하지?"
"곡식은 이제 먹기 싫어."

어느 날 바닷가 사람과 들에 사는 사람이 먹을 것을 가지고 길을 가다 우연히 마주쳤어요.

　　두 사람은 그날의 거래*가 무척 마음에 들었어요. 그래서 다시 그 장소로 나가 서로를 기다리곤 했지요. 몇 날 며칠을 엇갈리던 둘은 드디어 다시 만났어요.

"반갑소! 또 생선과 곡식을 바꿉시다."
"우리 이러지 말고 만나는 날을 정하면 어떻겠소?"
"그거 좋소! 보름달이 뜬 다음 날에 만나는 걸로 합시다!"

　　이렇게 해서 사람들은 날짜를 정해 물건을 바꾸기 시작했어요. 이렇게 서로 **필요한 물건을 맞바꾸는 일**을 **물물 교환**이라고 해요.

> **최초의 물물 교환은 언제?**
> 지금으로부터 5,500여 년 전인 기원전* 3500년 무렵, 메소포타미아* 지역에 살았던 수메르 사람들은 점토판 위에 날카로운 갈대나 금속으로 쐐기 모양의 그림 문자를 새겼어요. 그런데 여기에 물물 교환을 했다는 기록이 남아 있지요.

⭐ **거래** 물건을 사고파는 일　⭐ **기원전** 예수가 태어나기 전
⭐ **메소포타미아** 지금의 이라크를 중심으로 시리아 동북부와 이란 서남부에 이르는 지역

최초의 시장으로 어서 오세요!

어부와 농부가 보름달이 뜬 다음 날에 모여 물물 교환을 한다는 소문이 돌기 시작했어요. 그러자 소문을 들은 사람들 몇몇이 찾아왔지요. 시간이 흐르자 무척 많은 사람들이 모여 물물 교환을 하게 됐어요.

처음엔 바꿀 물건이 생선과 곡식뿐이었지만 차츰 과일, 가축, 옷 등 물품이 다양해졌지요.

이런 일도 생겨났어요.

"그것은 무엇이오?"
"이건 산딸기입니다. 아주 달콤하고 맛있지요. 당신이 가지고 있는 건 뭔가요?"
"조개랍니다. 불에 구워 먹으면 얼마나 맛있는지 몰라요!"

사람들은 자신들의 마을에는 없는 새로운 물건들을 구경하는 재미에 흠뻑 빠졌어요. 새로운 사람을 만나 물물 교환을 하며 이야기를 나누는 것도 즐거웠지요.
물물 교환을 하는 곳에 가면 무척 재미있다는 소문이 멀리 있는 마을에까지 퍼졌어요. 점점 더 많은 사람들이 모여들었고, 오랜 시간이 흘러 이곳은 자연스럽게 시장이 되었답니다.

> 발 없는 말이 천 리 간다*더니, 소문이 돌고 돌아 시장을 발전시켰군요.
> 물물 교환을 하지 않더라도 정보를 얻거나 구경을 하기 위해 사람들이 모여들다 보니, 시장을 중심으로 도시가 만들어지기도 했단다.

★ **발 없는 말이 천 리 간다** 말은 발이 없지만 천 리 밖까지도 순식간에 퍼진다는 뜻으로, 말을 조심해야 한다는 의미를 가지고 있다.

물건이 돈이라고? 상품 화폐

시장이 생긴 것은 좋았지만 이내 문제가 생겼어요.

"내 돼지고기와 당신이 가진 호랑이 가죽을 바꾸면 어떻겠소?"
"이 가죽은 닭고기와 바꾸려고 가지고 나온 거요."

사람마다 물건에 대해 생각하는 가치★가 다르고, 필요한 물건도 제각각이라 물물 교환을 하는 데 어려움이 생긴 거예요. 사람들은 이 문제를 해결하기 위해 물건의 값을 정하기로 했지요.

그런데 또 문제가 생겼어요. 무엇을 기준으로 값을 정해야 할지 몰랐기 때문이지요. 돈을 사용하면 되지 않느냐고요? 그때는 돈을 사용하기 전이었답니다.

★ **가치** 사물마다 가지고 있는 쓸모

사람들은 살아가는 데 꼭 필요해서 가치가 높지만 쉽게 상하지 않는 물건인 소금, 베, 곡식 등으로 값을 정하기 시작했어요.

"당신의 사과는 얼마요?"
"다섯 개에 소금 한 주먹이나 곡식 한 주먹이오."
"베는 안 받소?"
"베도 받소. 베 열 뼘이오."

하지만 소금이나 베, 곡식은 가지고 다니기 힘들고 무거웠어요. 그래서 작고 가벼워 들고 다니기 좋은 조개껍데기, 돌멩이 등으로 값을 정하기도 했지요.

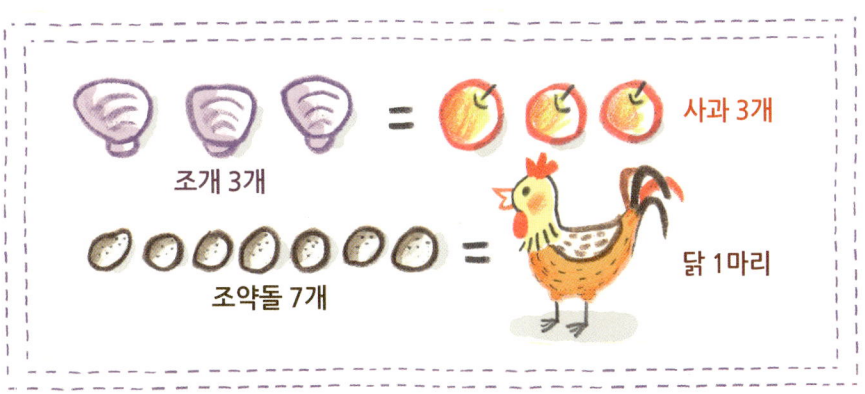

이렇게 돈(화폐)의 기능을 담당했던 물건을 **상품 화폐** 또는 **물품 화폐**라고 해요.

생선으로 밥을 지어라! ▶ 생선을 쌀로 물물 교환해라!

아주 오랜 옛날, 시장이 생기기 전에는 사람들이 서로의 물건을 맞바꾸며 필요한 것을 구했어요. 바닷가에 사는 사람은 들에 사는 사람에게 생선을 주고 곡식을 받았지요.

물물 교환(物 만물 물 物 만물 물 交 주고받을 교 換 바꾸다 환)이란?
물건과 물건을 서로 맞바꾸는 일

옛날 사람들은 필요한 것을 어떻게 얻었나요?

아주 먼 옛날 사람들은 먹을 것을 찾아 떠돌아다니며 살았어요.

물물 교환을 통해 필요한 물건을 얻었지요.

만나는 날짜를 정해 물물 교환을 하는 시장이 생겨났어요.

사람들은 돈 대신 무엇을 사용했을까요?

살아가는 데 꼭 필요해서 가치가 높지만 쉽게 상하지 않는 곡식이나 소금, 베 등이 상품 화폐로 쓰였어요. 또한 조개껍데기나 돌멩이같이 작고 가벼운 것을 돈 대신 사용하기 시작했지요.

시장의 또 다른 역할

시장은 단순히 물물 교환을 하는 곳을 넘어 새로운 사람을 만나 새로운 소식을 듣고 전하는 정보 교환의 장소였어요. 사람들은 시장에 모여 자기 마을에서 일어나는 일이나 농사일에 대한 새로운 정보를 나누었지요. 이렇게 시장에 많은 사람들이 모여들면서 시장을 중심으로 큰 도시가 만들어지기도 했어요.

한 걸음 더

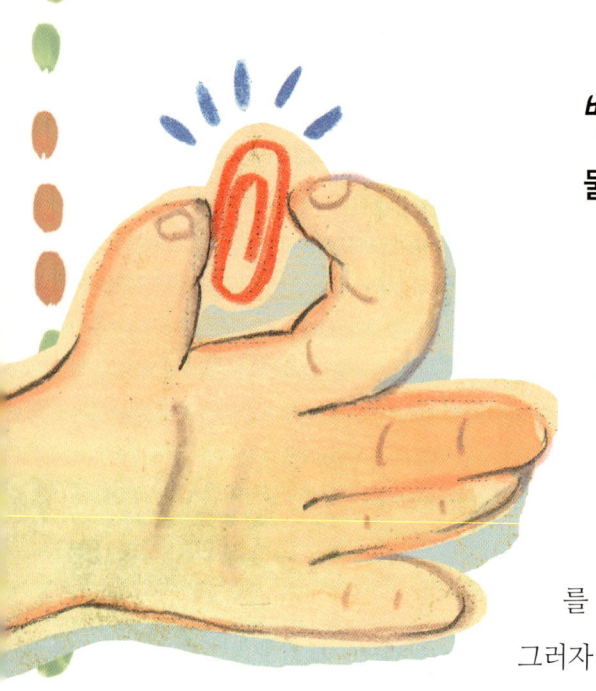

빨간 클립 줄게, 이층집 다오!
물물 교환의 달인, 카일 맥도널드

캐나다 사람인 카일 맥도널드는 어느 날 재미있는 놀이를 생각해 냈어요. 내가 가진 쓸모없는 물건을 더 크고 좋은 것으로 교환하는 것이었지요.

카일은 책상 위에 놓인 빨간 클립 하나를 인터넷 물물 교환 사이트에 내놓았어요. 그러자 어떤 사람이 물고기 모양의 펜과 이 클립을 바꾸겠다고 했지요. 이렇게 바꾼 물고기 모양 펜을 다시 문손잡이와 바꾸었어요.

그 뒤 미국에 사는 사람이 문손잡이를 캠핑용 난로로 바꾸어 갔고, 난로는 또다시 발전기로, 파티 세트로, 스노모빌로, 여행권으로 물물 교환 되었어요.

이 신기한 물물 교환 이야기는 텔레비전에 소개되었고, 카일은 유명해졌지요. 그 뒤로도 물물 교환은 계속되어, 결국 카일은 빨간 클립으로 소원하던 이층집을 갖게 되었답니다.

> **오늘의 교훈** 누군가의 쓰레기가 나에겐 꼭 필요한 물건일 수 있다. 눈을 크게 뜨고 찾아보자.

★ **스노 글로브** 흔들면 눈가루가 흩날리는 유리 구슬

미션2 **동전의 정체를 밝혀라!**

역사 시장 덕분에 태어난 화폐?

상품 화폐 대신 오늘날과 같은 개념의 돈이 생겨난 것은 언제일까요? 이번에 훈이에게 줄 미션은 바로 이 돈에 관한 거예요. 미션은 더 어려워졌지만 훈이를 한번 믿어 볼까요?

★ **골동품** 오래되었거나 희귀한 옛 물건

향시·경시·방시·시전이 시장 이름이라고?

　옛날 각 지역에서는 물물 교환을 위한 시장이 꾸준히 열렸어요. 이런 시장을 **향시**라 불렀지요.
　나라가 발전하면서 시장을 찾는 사람들과 파는 물건들이 많아져 향시가 작게 느껴졌어요. 신라의 소지왕은 490년에 수도인 서라벌(오늘날 경주)에 **경시**를 열었지요.
　그 뒤 고려 시대, 조선 시대에 이르기까지 수도의 시장은 그 이름을 바꿔 가며 자리를 잡아 나갔답니다. 고려 시대에는 수도 개경(오늘날 개성)의 시장을 **방시**라고 했어요.
　조선 시대에는 한양(오늘날 서울)의 시장을 **시전**이라 불렀지요.

시장을 관리하는 관청도 만들어졌어요. 이들 관청에서는 시장을 열고 닫는 시간은 물론 사람들 간의 다툼, 도량형*의 사용, 세금 걷기, 물가* 관리 등의 일을 맡아 했어요.

鄕市	京市	坊市	市廛
시골 향 저자 시	서울 경 저자 시	동네 방 저자 시	저자 시 가게 전

★ **도량형** 길이, 부피, 무게 따위의 단위를 재는 법
★ **물가** 물건의 값. 여러 가지 상품이나 서비스의 가치가 시장에서 팔리는 값

조선 시대 시장에 봄이 왔다네!

조선을 세운 태조 이성계는 한양에 도읍을 정한 뒤 유교*를 나라의 기틀로 삼아, 학문과 농업에 큰 가치를 두었어요. 반대로 공업과 상업은 천하게 여겼지요. 그래서 선비와 농사꾼은 귀하고, 기술자와 장사꾼은 천하다고 생각했어요. 당연히 시장의 발전도 주춤할 수밖에 없었답니다.

조선이 세워진 지 200년 뒤에 임진왜란이 일어났어요. 이 전쟁 때문에 많은 사람이 죽고 논과 밭은 엉망이 되었지요. 농사를 짓지 못하자 백성들이 굶어 죽는 것은 물론 나라 살림도 엉망이 되었어요. 사람들은 먹고살기 위해 도시로 몰려들었고, 대부분 장사를 하면서 돈을 벌었지요. 그러자 나라에서는 누구나 자유롭게 장사할 수 있도록 여러 가지 정책을 마련했고, 자연스럽게 상업이 발달했답니다. 농업에 가려져 무시당하던 상업에 따뜻한 봄이 찾아온 거예요.

> **임진왜란**
> 1592년~1598년까지(선조 때) 두 번에 걸쳐 일본이 우리나라에 침입해 벌어진 전쟁이에요. 7년 동안 이어진 전쟁으로 많은 백성들이 목숨을 잃었고, 온 나라가 파괴되었지요.

★ **유교** 옛날 중국 공자의 가르침에서 시작된 학문으로, 나라에 대한 충성과 효도를 중요하게 여김

튼튼한 두 다리가 장사 밑천! 걸어 다니는 시장, 보부상

🧒 이야~ 저렇게 무거운 짐을 들고 어딜 가는 거죠?
👨 저 사람들은 보부상이야. 봇짐이나 등짐을 지고 다니면서 물건을 팔았지.

햇볕을 막기 위해 대나무로 만든 패랭이★를 썼어요.

두 발로 걸어 다닐 수 있는 곳은 어디든 우리들의 시장이에요.

나는야 보상!

나는야 부상!

편한 옷과 신발은 필수예요.

물건을 보자기에 싸서 다녀 '봇짐 장수'라고 해요. 부피는 작아도 아주 값나가는 붓이나 먹, 금·은·동으로 만든 물건들을 팔지요.

지게에 물건을 지고 다녀서 '등짐 장수'라고 불러요. 주로 값싸고 무거운 나무, 그릇, 토기 등을 팔지요.

★ **패랭이** 대나무를 가늘게 깎아 엮어 만든 모자

보부상이 권율 장군의 목숨을 구했다고?

　권율은 임진왜란 때 행주 대첩*을 승리로 이끈 장군이에요. 그런데 보부상이 권율 장군의 목숨을 구했다니 믿을 수 없다고요? 보부상은 똘똘 뭉치는 힘이 대단했어요. 그래서 위기가 닥쳤을 때 나라에서 보부상에게 도움을 청하곤 했지요. 임진왜란 때도 수천 명의 보부상이 행주산성의 권율 장군에게 곡식을 가져다주었어요. 그러니 보부상이 권율 장군의 목숨을 구했다는 것도 틀린 말은 아니죠?

　보부상은 삼국 시대 이전부터 활동했을 것이라 추측하고 있어요. 하지만 보부상이 가장 활발하게 활동한 때는 조선 시대지요.

★ **행주 대첩** 1593년 조선 선조 때 권율 장군이 행주산성에서 왜적을 크게 물리친 싸움

나라와 나라 사이에 시장이 있었다?
– 무역의 역사

　시장은 나라 안에만 있는 것은 아니었어요. 나라와 나라가 서로 무역*을 하는 것 역시 큰 의미에서는 시장이라고 할 수 있지요. 우리나라는 삼국 시대(고구려, 백제, 신라)부터 이웃 나라들과 무역을 활발하게 했다는 기록이 있어요. 특히 삼면이 바다로 둘러싸인 만큼 바다를 이용한 무역이 활발했지요.

★ **무역** 나라와 나라 사이에 서로 물품을 사고파는 일

내 이름은 장보고, 별명은 바다의 신이지!

바다의 신 장보고 덕에 안심하고 무역했던 통일 신라

통일 신라는 주로 중국(당나라), 일본과 무역을 했어요. 그런데 해적들이 많아 상인들이 도중에 물건을 빼앗기는 경우가 있었지요. 통일 신라의 장군 장보고는 완도에 청해진이라는 군사 기지를 만들어 해적을 물리쳤어요. 덕분에 상인들은 안심하고 무역을 할 수 있게 되었답니다.

코리아라는 이름을 널리 알린 고려

고려 시대 개경 근처의 벽란도는 국제 무역항으로 유명했어요. 중국(송나라)·일본·아라비아 상인들과 활발한 교역을 벌인 곳이었거든요. 가장 멀리서 온 상인은 아라비아 상인이에요. 이들은 향료·산호를 팔았고, 고려의 이름을 서양 여러 나라에 알렸지요. 이때 아라비아 상인들은 고려를 '코리아'라고 불렀답니다.

코리아 인싸암 최고!

조선 후기에 들어서야 발달한 무역

조선 시대엔 상업을 천하게 여겨서 무역도 발전하지 못했지만, 간간히 중국(명나라) 사신★들과 교역★을 했어요. 그러다 임진왜란이 일어난 뒤인 조선 후기에 상업이 발달하면서 중국(청나라)이나 일본과의 무역이 활발해졌답니다.

★ **사신** 임금이나 국가의 명령을 받고 외국에 가는 신하
★ **교역** 나라와 나라 사이에서 물건을 사고팔거나 서로 바꿈

백성들은 동전을 싫어해? – 화폐의 역사

996년 고려 성종 때 건원중보가 만들어졌어요. 건원중보는 지금까지 남아 있는 가장 오래된 화폐지요. 건원중보 전에는 고조선에서 자모전이라는 화폐를 만들어 썼다는 기록이 있고, 신라에도 동전이 있었다고 전해져요.

건원중보가 만들어졌지만 백성들은 여전히 베나 곡식 같은 상품 화폐를 사용했어요. 그 뒤 여러 가지 다른 동전들이 만들어졌지만, 백성들에게는 인기를 얻지 못했답니다.

그 이유는 화폐를 쓸 필요를 느끼지 못했기 때문이라고 추측할 수 있어요. 지금처럼 사고팔 물건이 많지 않아서 상품 화폐만으로도 불편함을 느끼지 못했기 때문이지요.

조선 시대가 된 뒤에도 상품 화폐가 널리 사용되었어요. 나라에서 십전통보, 조선통보 같은 화폐를 만들었지만 소용이 없었죠.

하지만 조선 후기에 이르러 상업이 발달하고, 사고팔 물건이 늘어나면서 상품 화폐가 모자라기 시작했어요. 또 외국 상인들이 화폐를 사용하는 것을 본 뒤, 점차 화폐의 편리함을 깨달았지요. 나라에서도 화폐를 발달시키기 위해 세금을 곡식이 아닌 화폐로 받는 등 적극적으로 나섰어요. 그 결과 1678년 숙종 4년에 다시 만들어진 화폐 상평통보가 인기를 끌고 널리 사용되었지요. 상평통보는 1633년 인조 11년에 처음 만들어졌어요.

동전의 정체를 밝혀라!	지금까지 남아 있는 가장 오래된 화폐, 건원중보

- **향시** 백성들이 물물 교환을 하고 정보도 나누던 지역 시장
- **경시** 490년 신라 시대, 나라에서 수도 경주에 만든 최초의 시장
- **방시** 고려 시대, 나라에서 수도 개경에 만든 시장
- **시전** 조선 시대, 나라에서 수도 한양에 만든 시장

조선 시대의 시장

조선 전기(상업의 겨울)
농업을 중요하게 여기고 상업을 천하게 여겨 시장이 발달하지 못했어요.

조선 후기(상업의 봄)
임진왜란 뒤 나라의 살림이 어려워지자 자유롭게 장사할 수 있도록 여러 가지 정책이 마련됐고, 상업이 발달했지요.

걸어 다니는 시장, 보부상

보상
물건을 보자기에 싸서 다녀 '봇짐장수'라고 해요. 값비싼 붓이나 먹, 금·은·동으로 만든 물건을 팔았지요.

+

부상
지게에 물건을 지고 다녀서 '등짐장수'라고 불렀어요. 나무·그릇·토기 등 싸고 무거운 물건을 팔았지요.

=

무역의 역사

통일 신라 장보고는 완도에 청해진이라는 군사 기지를 만들어서 해적을 물리쳐 상인들을 도왔어요.

고려 국제 무역항인 벽란도에 아라비아 상인들까지 찾아왔고, 이때 코리아라는 이름이 서양에 처음 알려졌어요.

조선 후기에 들어 상업이 발달하면서 중국(청나라)이나 일본과의 무역이 활발해졌답니다.

동전 하나는 아무 쓸모가 없다고?

착한 신문

경기도, 한 푼 두 푼 모은 동전으로 사랑 실천해요!
– 사랑의 동전 모으기 운동으로 교복 선물

XX일보 20△△-□□-□□ 김철수 기자

경기도의 공무원들이 동전을 모아 생활이 어려운 고등학교 입학생들에게 교복을 전달했다.

공무원들은 1999년부터 '사랑의 동전 모으기' 운동을 벌여 난치병* 어린이 77명에게 의료비를 지원해 왔는데 올해는 어려운 형편의 고교 신입생 1,573명에게 교복을 선물한 것이다.

이 운동에 참여한 한 공무원은 "한 푼 두 푼 모은 동전으로 경제적 어려움을 겪는 학생들에게 큰 도움이 되어 기쁘다."며 "앞으로도 이웃 사랑 실천에 앞장서겠다."고 말했다.

★ **난치병** 고치기 어려운 병

요즘엔 길거리에 10원짜리 동전이 떨어져 있어도 잘 줍지 않는대요.

10원짜리 하나로는 아무것도 살 수 없어서 쓸모없다고 생각하기 때문이지요. 그래서 한 개를 만드는 데 40원이나 드는 10원짜리 동전을 아예 없애자고 하는 사람도 있어요.

실제로 캐나다·네덜란드·핀란드 등도 가장 낮은 가치의 동전을 없앴지요.

10원을 없애면 뭐 어떠냐고요? 10원짜리가 사라지면 물건값을 정할 때 차이가 커져서, 물가가 오를 가능성이 있어요.

이 기사를 보니 어떤가요? 쓸모없다고 여겼던 10원이 모이고 모이니 무척 높은 가치를 가지게 됐잖아요.

우리도 책상 시랍이나 돼지 저금통 속에서 잠자고 있는 동전을 깨워 세상의 온도를 조금 더 높여 보는 것은 어떨까요?

미션 3

암호 풀어 시장 보기!

수학 장보기를 통해 알아보는 수학 단위

우유를 살 때 200mL·500mL·1,000mL 중에 무엇을 선택할까 고민했던 적이 있지요? 이때 mL라는 단위를 모른다면 불편을 겪을 수밖에 없을 거예요. 불편하지 않으려면 어떻게 해야 하냐고요? 단위를 공부하면 되지요!

반짝이 옷감 3m가 필요해! – 길이의 단위

어떤 연필이 더 **길까요?**

길이는 물건의 한끝에서 다른 한끝까지의 거리를 말해요. 길이의 단위로는 mm(밀리미터), cm(센티미터), m(미터), km(킬로미터)가 있어요.

mm
(밀리미터)

mm는 길이를 재는 가장 작은 단위로 밀리미터라고 읽지요. 자의 작은 눈금 한 칸이 1mm예요.

cm
(센티미터)

cm는 1mm를 10개 늘어놓은 길이로 센티미터라고 읽어요. 자에서 큰 눈금 한 칸의 길이지요.

10mm = 1cm

m
(미터)

m는 1cm를 100개 늘어놓은 길이이고, 미터라고 해요.

100cm = 1m

km
(킬로미터)

km는 1m를 1,000개 늘어놓은 길이로 킬로미터라고 말하지요.

1,000m = 1km

올바르게 길이 재는 법
자를 이용하여 길이를 잴 때는 물건의 한쪽 끝에 자의 눈금 0을 맞추고 다른 쪽 끝과 만나는 지점의 눈금을 읽어요.

0.5L짜리 우유는 어디에? – 들이의 단위

모양이 일정하지 않은 액체의 양을 어떻게 알아낼 수 있을까요? 액체를 그릇에 담으면 됩니다. 그릇에 담을 수 있는 양이 얼마냐에 따라 그 안에 들어가는 액체의 양을 알 수 있기 때문이지요. 이처럼 **어떤 것이 들어갈 수 있는 그릇 안쪽 공간의 양**을 들이라고 해요. 들이의 단위로는 밀리리터(mL), 리터(L) 등이 있지요.

"기름 10L만 넣어 주세요."
"이 물약은 하루에 15mL만 드세요."
"식구가 느니 냉장고 700L론 부족해. 더 큰 930L짜리로 사야겠어."
"라면은 정확히 물 500mL를 넣어서 끓여야 맛있지!"

이렇게 크게는 자동차 기름의 양이나 냉장고의 용량, 작게는 우리가 먹는 음료수나 약의 양을 말할 때 들이의 단위를 이용하지요.

mL
(밀리리터)

가로, 세로, 높이의 길이가 모두 1cm인 정육면체* 모양의 아주 작은 그릇이 있어요. 이 안에 담기는 물의 양을 1mL라고 해요.

L
(리터)

1L는 1mL의 1,000배가 되는 부피예요.

1L = 1,000mL

★ **정육면체** 주사위처럼 크기가 같은 정사각형 6개로 둘러싸인 도형

큰 단위를 작은 단위로 바꾸려면 곱셈을 해야 해요. 1L는 1,000mL이므로, 0.5L를 mL로 바꾸려면 1000을 곱하면 돼요.

0.5×1000=500 ⇨ 0.5L=500mL

g을 kg으로 어떻게 바꾸지? - 무게의 단위

무게는 물체의 무거운 정도를 말해요. 두 물체의 무게를 비교할 때는 어떻게 할까요? 먼저, 두 물체를 양손으로 들고 비교할 수 있어요. 두 번째로는 양팔 저울을 이용해서 비교할 수 있지요. 무거운 쪽이 아래로 내려가고, 가벼운 쪽은 위로 올라가지요. 세 번째로는 눈금이 있는 저울이나 숫자가 나오는 저울을 이용해 무게를 잴 수 있어요. 무게를 나타내는 단위로는 g(그램), kg(킬로그램), t(톤)이 가장 많이 쓰이지요.

g
(그램)

가로, 세로, 높이의 길이가 모두 1cm인 정육면체의 그릇에 물을 가득 담았을 때, 그 물의 무게가 1g이에요.

kg
(킬로그램)

몸무게를 잴 때 주로 이용되는 단위로 1g보다 1,000배나 더 무겁답니다.

$$1,000g = 1kg$$

t
(톤)

1t은 1kg의 1,000배가 되는 무게예요.

$$1,000kg = 1t$$

작은 단위를 큰 단위로 바꾸려면 나눗셈을 해야 해요. 훈이가 600g을 kg으로 바꾸려면 1kg이 1,000g이므로, 600을 1000으로 나누면 돼요.

$$600 \div 1000 = 0.6 \Rightarrow 600g = 0.6kg$$

손 하나, 축 하나 주세요? – 우리나라에서만 쓰는 단위

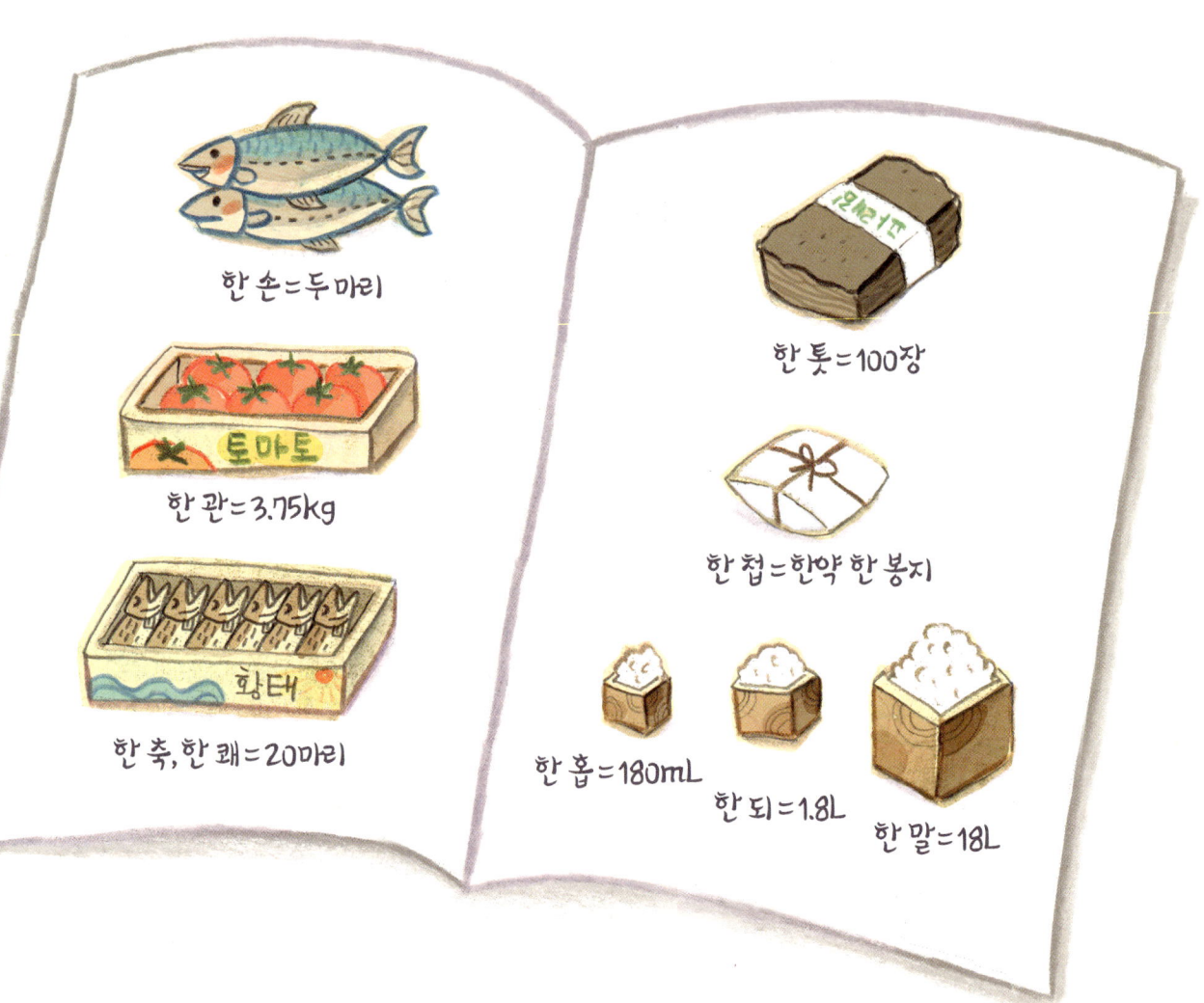

시장에 가 보면 물건을 부르는 단위가 개수별로, 상품별로 다르다는 사실을 알 수 있어요. 우리나라 시장에서 전통적으로 쓰이는 단위이니, 미리 알아 두면 당황하지 않겠죠?

쓰지 않기로 약속한 단위 평·돈·근

 평과 돈, 근은 예부터 사용해 오던 단위예요. 하지만 세계적으로 쓰고 있는 단위와 달라 혼란을 줄 수 있기 때문에, 이제는 사용하지 않기로 했지요. 그렇지만 일상생활 속에서는 여전히 많이 쓰이고 있어요. 평·돈·근을 법에서 정한 단위로 바꿔 볼까요?

"소고기 한 근 주세요."
"그 금반지 한 돈이에요?"

"소고기 600g 주세요."
"그 금반지 3.75g이에요?"

암호 풀어 시장 보기! ▶ 시장 볼 때 꼭 알아야 할 길이·들이·무게의 단위!

길이는 무엇일까요?

길이는 물건의 한끝에서 다른 한끝까지의 거리로, 단위로는 mm(밀리미터), cm(센티미터), m(미터), km(킬로미터)를 사용한답니다.

$$10\text{mm} = 1\text{cm}$$
$$100\text{cm} = 1\text{m}$$
$$1{,}000\text{m} = 1\text{km}$$

들이란 무엇일까요?

어떤 것이 들어갈 수 있는 공간의 양을 들이라고 해요. 들이의 단위로는 밀리리터(mL), 리터(L) 등이 있지요.

$$1{,}000\text{mL} = 1\text{L}$$

무게란 무엇일까요?

무게는 물체의 무거운 정도를 말해요. 무게의 단위로는 g(그램), kg(킬로그램), t(톤)이 있어요.

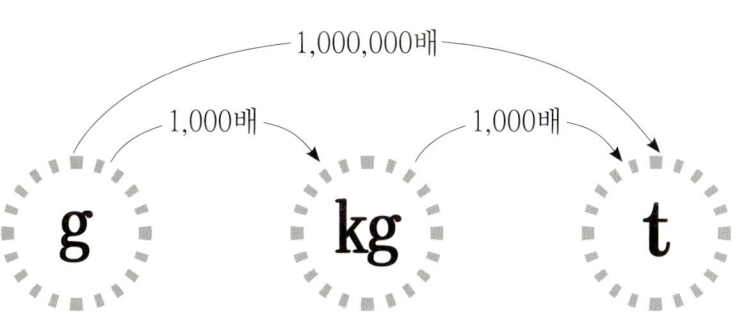

우리나라에서만 쓰는 단위

한 관 = 3.75kg
한 톳 = 100장
한 첩 = 한약 한 봉지

한 손 = 두 마리
한 축, 한 쾌 = 20마리

한 홉 = 180mL
한 되 = 1.8L
한 말 = 18L

50% 할인 아이스크림의 진실
세일을 통해 알아보는 백분율

슈퍼마켓에서 적게는 50퍼센트, 많게는 80퍼센트까지 세일하는 아이스크림을 사 본 적이 있을 거예요. 그런데 여기서 '퍼센트'라는 것은 무엇일까요?

퍼센트는 기호로 %라고 쓰며 다른 말로 백분율이라고 해요. 백분율이란 기준을 100이라 했을 때의 비율을 말하지요.

백분율 = 기준량을 100으로 했을 때의 비율

예를 들어 아이스크림이 100원이라고 했을 때 아이스크림 가격의 100%는 100원, 90%는 90원, 50%는 50원★ 이지요. 그렇다면 100원의 아이스크림을 50% 할인한 가격으로 산다면 얼마일까요?

원래 아이스크림 가격 − 100원의 50% = 50% 할인된 가격

★ $\frac{100}{100} \times 100 = 100$원

$\frac{90}{100} \times 100 = 90$원

$\frac{50}{100} \times 100 = 50$원

그런데 슈퍼마켓에서 아이스크림을 이렇게 싸게 파는 이유는 무엇일까요? 그건 바로 아이스크림이 '미끼 상품'이기 때문이에요. 미끼 상품이란 고객을 끌기 위해 크게 할인하여 판매하는 상품을 말해요. 미끼 상품을 사러 온 고객에게 다른 상품도 팔아 돈을 버는 것이지요.

하지만 지나치게 세일을 많이 해 이제 아이스크림을 제값 주고 사 먹는 것이 아깝다는 생각이 들게 됐어요. 아이스크림을 만드는 회사에서도 처음부터 세일할 것을 고려하고, 애초에 값을 비싸게 정해 문세가 되기도 한답니다.

미션 4

김 씨 아저씨를 대박 가게 사장님으로 만들어라!

인물 역사 속 유명한 상인들

우리 동네에는 파리만 날리는 장사 안 되는 짜장면집이 있어요. 사장 김 씨 아저씨는 도무지 장사하는 방법을 모르는 것 같아요. 이번 기회에 아저씨에게 장사 잘하는 법을 가르쳐 주려고 한답니다!

★ 원산지 물건이 만들어진 곳

보이지 않는 손을 찾아라!
– 애덤 스미스가 알려 주는 가격의 비밀

 저 외국인은 누구야?

 나도 몰라요!

 어서 오세요. 스팀 박사에게 이야기 많이 들었습니다.

애덤 스미스
(1723~1790)

내 이름은 애덤 스미스! 경제학의 아버지라 불리지요.

제가 주장한 이론들은 전부 『국부론』이라는 책에 적혀 있답니다.

"경제에 있어서는 애덤 스미스의 말이 모두 정답!"이라는 말이 있을 정도로 경제학 분야의 천재로 인정받았지요.

내가 한 말 중에 가장 유명한 말은 '보이지 않는 손'일 겁니다. 손이 어떻게 보이지 않을 수 있냐고요?

🧑 시장에서 판매자*는 생산자*에게 물건을 사 와 최대한 많은 이윤*을 내려 하고, 소비자*는 최대한 싸게 물건을 사려고 하지요? 그런데 판매자가 더 많은 이익을 얻으려고 가격을 터무니없게 올린다면 어떻게 될까요?

🧒 소비자는 더 싼 가게를 찾아갈 거예요!

🧑 맞아요. 값을 올린 가게는 손님이 줄어들면 다시 값을 낮추게 되지요. 이런 과정이 오랫동안 계속되면서 시장에서 합리적인 가격이 결정되었답니다. 저는 이렇게 **시장을 자연스럽게 돌아가게 하는 '가격'의 힘**을 '**보이지 않는 손**'이라고 불렀습니다. 그런데 김 씨는 합리적인 가격을 무시하고, 음식값을 제멋대로 정했더군요.

😠 나는 무조건 가격을 올리면 돈을 많이 벌 수 있을 거라 생각했는데…….

🧑 이제 아셨죠? 모든 물건엔 그 물건만의 합리적인 가격이 있다는걸!

⭐ **판매자** 물건을 파는 사람   ⭐ **생산자** 물건을 만드는 사람   ⭐ **소비자** 물건을 사는 사람
⭐ **이윤** 장사 등을 해서 번 돈. 장사하는 데 필요한 돈을 빼고 이익을 얻은 돈을 말한다

인삼을 불태워 버린 인삼 장수
– 임상옥에게 배우는 장사 잘하는 법

여, 여긴 어디야?

낸들 알아요?

나는 조선 최고의 장사꾼 임상옥이오. 나로 말할 거 같으면…….

★ **헐값** 그 물건의 원래 가격보다 훨씬 싼 값

평안북도 의주에서 태어난 임상옥은 어릴 때부터 아버지를 따라다니며 장사하는 법과 중국어를 익혔어요. 훗날 인삼을 팔아 조선 최고의 상인이 되었지요.

내가 최고의 상인이 된 비결은 좋은 물건을 팔았기 때문이오. 중국 상인들 앞에서 인삼을 불태울 수 있었던 것도, 내 인삼보다 좋은 것은 구하지 못할 거라는 자신감이 있었기 때문이지요.

저 같아도 아저씨가 파는 물건이라면 믿고 샀을 것 같아요.

맞아요. 많은 사람들이 나를 믿고 물건을 샀어요. 상인은 이처럼 **신뢰**를 줄 수 있어야 한다고 생각합니다.

그래도 인삼을 태운 건 너무 했어요. 중국 상인들이 끝까지 안 샀으면 어쩔 뻔했어요.

허허, 난 그들에게 인삼이 꼭 필요하다는 걸 이미 알고 있었어요. 값을 깎아 보려 수를 썼지만 나한텐 통하지 않았죠.

조선 시대 성공한 여성 상인
– 김만덕이 생각하는 진정한 부자란?

이야~ 예쁘다! 조선 시대 여인이니 상인은 아닐 테고 뭐 하는 사람이오?

어허! 여인이라고 장사를 못하리라는 법 있소?

김만덕은 제주에서 태어났어요. 어릴 때 부모님을 여읜 뒤 기생이 되었다가 다시 상인이 되었지요.

남녀 차별이 심했던 조선 시대, 육지에서 멀리 떨어진 제주에서 김만덕은 성공을 거두었어요.

제주의 특산품*인 말총*과 전복 등을 육지에 팔고, 제주에서 구하기 힘든 쌀·소금·비단 등을 들여와 팔았지요. 또 어떤 물건이 흔하고 쌀 때 많이 사 둔 뒤, 그 물건이 귀해졌을 때 시장에 내놓아 큰돈을 벌었어요.

★ **특산품** 어떤 지역에서 특별히 생산되는 물품   ★ **말총** 말의 갈기나 꼬리의 털

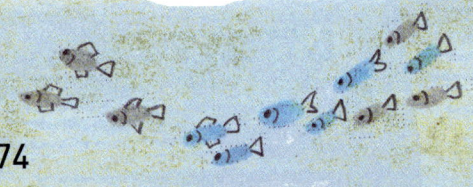

🧒 오호라! 어떤 물건을 어떻게 팔아야 좋을지 판단하는 능력이 필요하다 이거지요?

👩 그뿐만이 아니에요. 전 남을 속여서 장사하지 않았어요. 형편없는 물건을 팔지도 않았지요. 그리고 또 하나, '**베풂**'을 아끼지 않았답니다.

🧒 뭘 베풀어요?

👩 제주에 큰 태풍이 불어 농작물이 모두 쓸려 내려간 적이 있어요. 이때 재산을 털어 곡식을 구해 와 백성들에게 나누어 주었지요.

🧒 왜 공짜로 줘요? 그걸 팔았으면 더 큰 부자가 됐을 텐데요!

👩 사람들이 죽게 생겼는데 돈 벌 생각만 할 수는 없지요. **어려울 때 나눌 줄 아는 사람이 진정한 부자**가 될 수 있다고 생각해요.

🧒 나, 그동안 너무 이기적으로 살았어. 돈 벌 생각만 하고…….

👩 이제 안 그러시면 되죠! 참, 기본이 되어야 할 게 또 있어요. 친절하고 밝은 태도를 가져야 한다는 거예요. 좋은 물건을 싸게 판다고 해도 불친절하면 손님이 찾아오질 않는답니다!

미션 넷, 드디어 해결!

김 씨 아저씨를 대박 가게 사장님으로 만들어라!  합리적인 가격으로 좋은 물건을, 남다른 장사 비결을 발휘해서 팔아라!

애덤 스미스가 알려 주는 장사 잘하는 법

상인들은 물건값을 자유롭게 결정할 수 있지만, 물건을 사는 사람들이 얼마나 물건을 사느냐에 따라 합리적인 가격이 결정돼요.

상인은 물건값을 적절하게 정할 줄 알아야 하지요.

임상옥이 알려 주는 장사 잘하는 법

저는 믿을 수 있는 좋은 물건을 파는 것으로 유명했지요. 상인이라면 스스로에게 떳떳한 좋은 물건을 팔아야 해요.

손님에게 신뢰를 줄 수 있어야 한다, 이 말이지요!

김만덕이 알려 주는 장사 잘하는 법

어떤 물건을 사고팔아야 할지 판단하는 능력을 길러야 해요. 나는 제주 특산품을 육지에 팔고, 제주에서 구하기 힘든 육지 물건을 가져다 팔아 성공했지요.

또 남을 속이지 않고 정직하게 장사했어요. 백성들이 굶주렸을 때는 재산을 털어 곡식을 나누어 주기도 했지요.

만 냥으로 온 나라의 과일을 싹쓸이한 장사의 신! - 고전 소설 『허생전』

옛날 조선 시대 선비 허생은 글 읽기만 좋아하고 돈을 벌어 오지 않았어요. 그의 아내는 도둑질이라도 해 돈을 벌어 오라며 잔소리를 했지요. 집을 나온 허생은 큰 부자인 변 씨의 집을 찾아가 돈 만 냥을 빌렸답니다.

허생은 만 냥을 가지고 시장이 발달한 안성으로 갔어요. 거기서 대추·밤·감·배 등 잔치나 제사에 쓰이는 과일을 두 배 값으로 모조리 사들였지요. 그 결과 온 나라에 과일이 동이 나고 말았어요. 팔 과일이 없어 동동거리던 상인들은 하는 수 없이 열 배 값을 주고 도로 허생에게 과일을 살 수밖에 없었답니다.

허생은 뒤이어 제주에 가 말총을 죄다 사들였어요. 얼마 안 가 말총을 재료로 만드는 망건★값이 열 배로 뛰었지요. 이번에도 허생은 큰돈을 벌었어요.

큰 부자가 된 허생은 온 나라의 도둑을 모두 데리고 비어 있는 섬으로 가 살기 좋은 곳으로 발전시켰어요.

그 뒤 허생은 고향으로 돌아와 처음 만 냥을 빌린 변 씨에게 십만 냥을 갚았답니다.

★망건 옛날 상투를 튼 사람이, 머리카락이 흘러내리지 않도록 머리에 두르는 그물처럼 생긴 물건

허생의 장사 비결, 매점매석과 독점

허생은 안성과 제주도에서 '매점매석'과 '독점'으로 많은 돈을 벌었어요. 매점매석은 상품을 한꺼번에 많이 사 두고 팔지 않다가 시장에 그 상품이 동이 나면 가격을 아주 높이 매겨 파는 것을 말해요. 독점은 시장에 상품을 파는 곳이 단 한 군데뿐인 상태를 말하지요. 상품의 가격을 마음대로 정할 수 있어 값이 높아지고, 경쟁할 곳이 없으니 상품의 질은 낮아지지요.

허생처럼 매점매석과 독점으로 부자가 되고 싶다고요? 지금은 물가를 안정시키고, 공정하게 물건을 사고팔게 하기 위해서 법으로 매점매석과 독점을 금지하고 있답니다.

미션 5

시장에 가지 않고 물건을 사라!

사회 오늘날의 다양한 시장

현대에는 다양한 종류의 시장이 있어요. 대형 마트, 백화점뿐만 아니라 인터넷을 이용해 물건을 사면 집까지 배달해 주니 얼마나 편리한 세상이에요? 훈이가 이런 사실을 아는지 몰라요?!

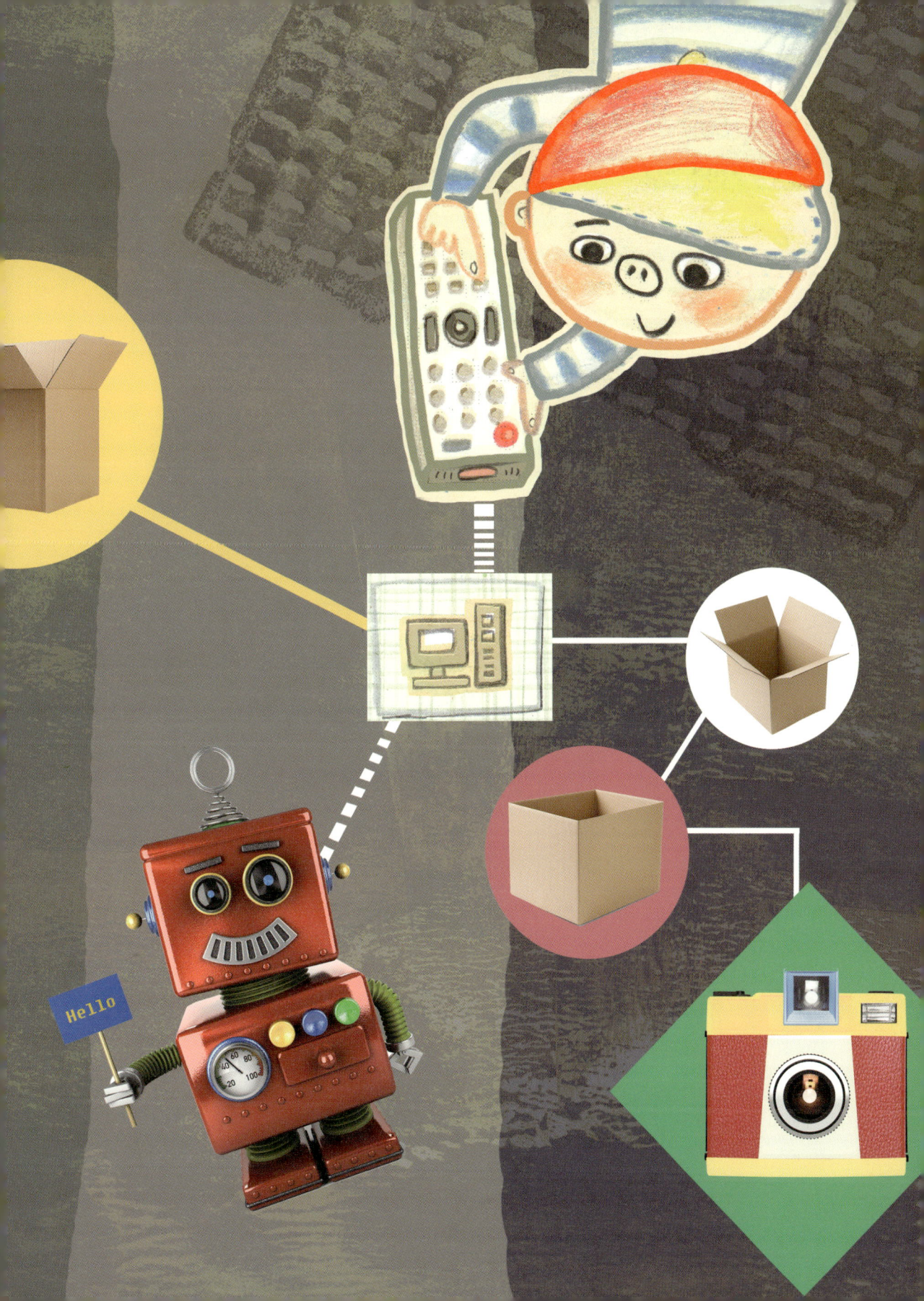

마우스 클릭 몇 번으로 쇼핑 끝! 인터넷 쇼핑

인터넷 쇼핑이란 사이버상에 만들어 놓은 쇼핑몰에서 물건을 사는 것을 말해요. '온라인 쇼핑'·'사이버 쇼핑'·'전자 쇼핑'이라고도 하지요. 요즘에는 스마트폰을 이용해 쇼핑할 수도 있어요.

인터넷 쇼핑으로 같은 물건이라도 여러 쇼핑몰에서 비교해 가장 싼 값으로 살 수 있지요. 또 언제 어디서나 힘들이지 않고 마우스 클릭 몇 번으로 쇼핑할 수 있어 시간이 절약되죠.

하지만 컴퓨터 화면으로 본 물건이 실제 받아 보았을 때와 달라 문제가 되기도 해요. 교환이나 반품*하기가 불편해 결국 돈을 낭비하는 일이 생기거든요.

★ **반품** 산 물건을 되돌려 보내는 일

텔레비전을 보고 주문해요! 홈 쇼핑

홈 쇼핑이란 가정에서 텔레비전 방송을 보고 전화를 이용하여 물건을 사는 것을 말해요. 밖에 나가지 않고도 집에서 전화 한 통으로 물건을 살 수 있어 편리하죠. 또 상품의 먹는 모습이나 사용하는 법을 직접 볼 수 있어 좋아요. 하지만 이 장점이 충동구매*로 이어지는 것은 문제예요.

"곧 매진*됩니다."
"단돈 29,900원에 모십니다."
"오늘만 이 가격이에요."

이 같은 말에 흔들리지 말고 필요한 물건만 산다면 알뜰하게 홈 쇼핑을 이용할 수 있을 거예요.

모이면 싸다? "소셜커머스"

2008년 미국에서 처음 생긴 소셜커머스는 몇 명 이상 모여 함께 물건을 살 경우 크게 할인해 파는 방식이에요. 100명 이상이 모일 경우 50%를 할인해 주거나 하는 거죠. 사는 사람은 싸게 사서 좋고, 파는 사람은 값을 내리는 대신 많이 팔아 이윤을 남길 수 있어 좋지요.

★ **충동구매** 필요하지 않은 물건을 구경하거나 광고를 보다가 갑자기 사는 일
★ **매진** 하나도 남지 않고 모두 다 팔림

없는 게 없는 대형 마트

대형 마트에서 파는 물건들은 대부분 양이 많지만, 값은 싼 편이라 인기가 많아요. 또 여러 가지 물건을 한곳에서 살 수 있어 편리하지요. 그뿐만 아니라 사람이 많이 모여 사는 곳에 자리 잡아 편리하고, 식당·미용실·세탁소 등이 함께 있어 쇼핑 말고도 다양한 일을 할 수 있어요.

대형 마트의 물건이 싼 이유

① 유통★단계를 많이 거칠수록 물건이 비싸져요. 대형 마트는 중간 상인을 없애고 생산자와 직접 거래해 가격을 낮추지요.
② 작은 포장보다는 큰 묶음 판매를 많이 해서 이익을 남겨요.
③ 직접 개발에 참여한 PB(private brand)★ 상품을 팔아요. 유통 과정을 더 줄일 수 있어 값이 싸지요.

★ **유통** 어떤 상품이 생산되고 판매되어 실제 사용하는 사람에게 오기까지의 과정
★ **PB(private brand)** 대형 마트가 자기 매장과 고객의 특성에 맞춰 개발한 상품. 다른 업체에 직접 주문해 만든 뒤 바로 가져다 팔기 때문에 값이 싸다. 식품·음료·생활용품 등 종류가 다양하다

최고의 서비스로 모십니다! 백화점

백화점에서는 여러 가지 상품을 부문별로 나누어 진열해 팔아요. 화려하고 고급스러운 건물과 친절한 서비스를 내세워 손님을 끌고 있지요. 또 놀이 시설·문화 센터 등 편의 시설도 마련해 놓아 인기가 많아요. 그 대신 재래시장이나 대형 마트보다 물건의 값이 더 비싼 편이지요.

Q 깜짝 퀴즈! 다음 중 백화점에 없는 것은 무엇일까요? (정답 2개)

① 시계　② 계단　③ 정수기　④ 창문

A 정답은 시계와 창문! 백화점에는 모두가 볼 수 있는 벽시계나 창문이 없어요. 쇼핑을 하며 시간이 얼마나 지났는지 가늠할 수 없게 하기 위해서죠. 또 하나, 대부분 백화점 1층에는 화장실이 없다는 사실! 그 이유는 화장실만 들렀다 그냥 나가는 손님들 때문이래요.

인정이 넘치는 재래시장으로 오세요~

🧒 화려하고 편리한 대형 마트와 백화점을 보니 재래시장이 걱정돼요.

👴 실제로 손님이 많이 줄어든 재래시장은 요즘 다양한 변화를 시도하고 있어.

재래시장은 예전부터 있던 시장으로, 여러 가게가 모여 다양한 물건을 파는 곳을 말해요. 동네와 가깝고 값이 싸다는 장점이 있지요. 하지만 오래되어 낡았고, 주차장 등 편의 시설이 부족해요. 또 대형 마트보다 불친절하다는 선입관*이 있어 점점 찾는 사람이 줄고 있는 것이 사실이지요.

그래서 재래시장을 발전시키고, 손님을 끌기 위해 여러 가지 방법을 찾고 있어요.

⭐ **선입관** 어떤 대상에 대하여 이미 마음속에 가지고 있는 생각

재래시장에서 찾은 방법 ··

대형 마트처럼 주차장을 만들고 휴식 공간을 마련해요.

"우리 시장만의 특별한 상품을 만드는 건 어떨까? 예를 들면 맷돌로 갈아 만든 녹두 빈대떡?"

나라에서는 찾은 방법 ··

재래시장에서만 쓸 수 있는 상품권을 만들어요. 나라나 기업에서는 명절·휴가 기간에 돈 대신 이 상품권을 직원들에게 나눠 줘 재래시장에서 물건을 사도록 이끌지요.
또 대형 마트가 문을 닫는 날을 정하도록 권유해요. 대형 마트가 문을 닫으면 사람들이 시장에 갈 테니까요.

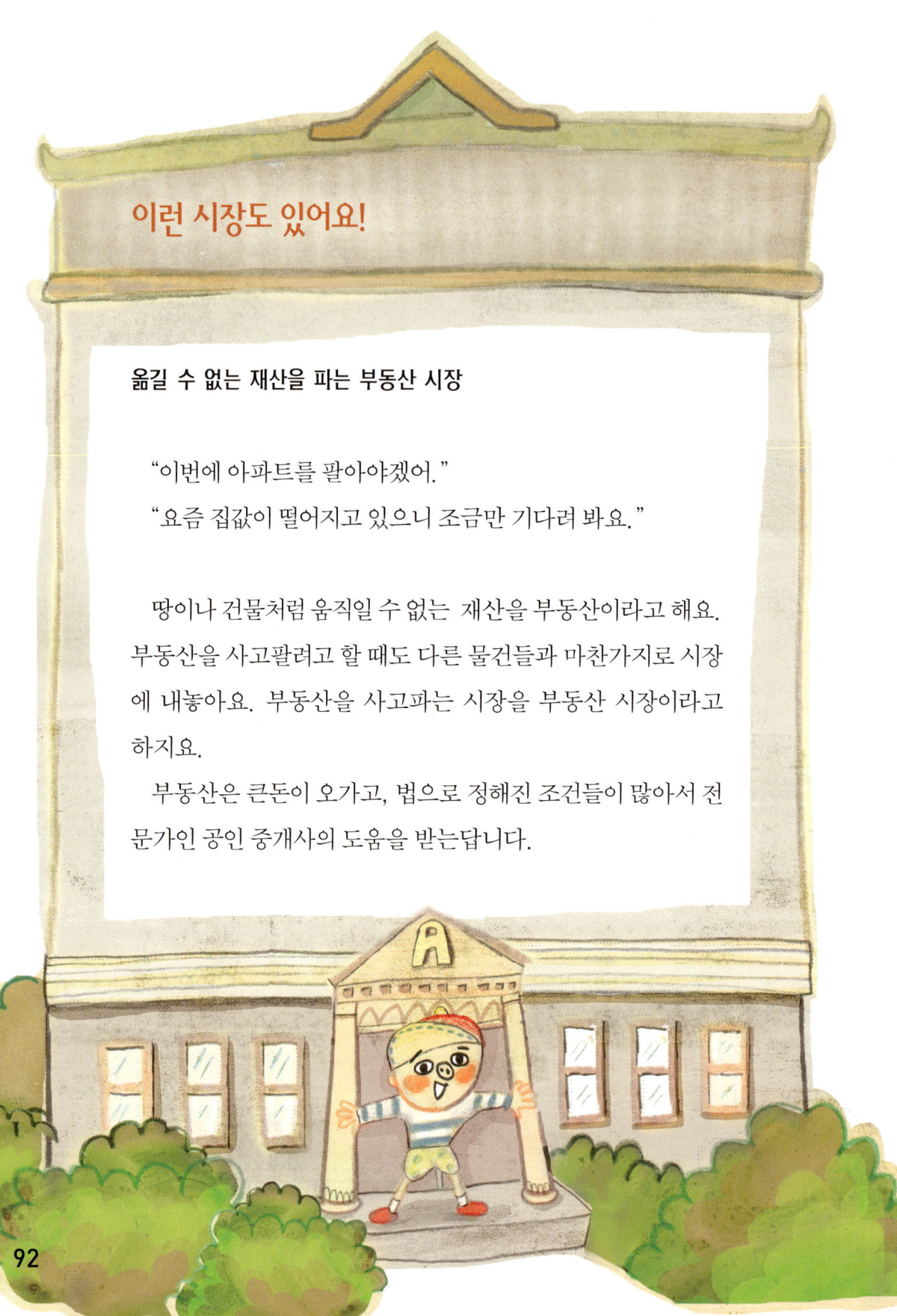

이런 시장도 있어요!

옮길 수 없는 재산을 파는 부동산 시장

"이번에 아파트를 팔아야겠어."
"요즘 집값이 떨어지고 있으니 조금만 기다려 봐요."

땅이나 건물처럼 움직일 수 없는 재산을 부동산이라고 해요. 부동산을 사고팔려고 할 때도 다른 물건들과 마찬가지로 시장에 내놓아요. 부동산을 사고파는 시장을 부동산 시장이라고 하지요.

부동산은 큰돈이 오가고, 법으로 정해진 조건들이 많아서 전문가인 공인 중개사의 도움을 받는답니다.

주식을 사고파는 주식 시장

회사를 운영하는 데는 돈이 많이 들어요. 그래서 주식이라는 것을 만든 뒤 사람들에게 팔아 돈을 마련하지요. 주식은 그 회사의 가치나 발전 가능성에 따라 값이 오르고 내려요. 이런 주식을 사고파는 시장이 바로 주식 시장이지요.

석유를 사고파는 석유 시장

석유를 가진 나라와 석유를 가지지 못한 나라가 석유를 사고파는 시장을 말해요. 석유가 팔리는 가격인 유가는 세계 경제에 큰 영향을 끼쳐서 유가가 치솟으면 세계 경제는 몹시 어려워져요.

다른 나라 돈이 오가는 외환 시장

우리나라의 화폐 단위는 원이에요. 미국은 달러, 중국은 위안, 일본은 엔이지요. 이처럼 다른 나라의 돈을 사고팔고 환율이 정해지는 시장을 외환 시장이라고 해요. 환율이란 각 나라 돈이 가지는 가치를 말해요. 예를 들어 1달러에 1,100원이라고 하면 우리 돈 1,100원을 주고 1달러를 살 수 있다는 뜻이지요. 외환 시장에서 가장 많이 사용되는 돈은 미국의 달러랍니다.

한 눈 에 쏙

미션 다섯, 드디어 해결!

시장에 가지 않고 물건을 구입하라! ▶ 인터넷 쇼핑·홈 쇼핑을 이용하라!

인터넷 쇼핑
인터넷을 이용해 사이버상에 만들어 놓은 쇼핑몰에서 물건을 구매하는 것. 가격 비교를 통해 더 싸게 언제 어디서나 물건을 살 수 있어요.

홈 쇼핑
집에서 텔레비전 방송을 보고 전화를 이용하여 물건을 사는 것.
밖에 나가지 않고도 집에서 전화 한 통으로 물건을 살 수 있어요.

주문이 간편하다고 해서 충동구매는 안 돼요!
물건을 직접 보고 구입할 수 없으니 꼼꼼히 살펴야 해요.

대형 마트와 백화점

　대형 마트는 작은 포장보다는 큰 묶음 포장을 해 싼 가격에 팔아요. 백화점은 여러 가지 상품을 품목별로 나눠 진열한 상점이에요. 백 가지 물건 즉 모든 종류의 물건을 파는 상점이라는 뜻을 가지고 있지요.

재래시장

　재래시장은 예전부터 있던 시장으로, 여러 가게가 모여 다양한 물건을 파는 곳을 말해요. 대형 마트에 밀려 장사가 잘되지 않는 것을 해결하기 위해 편의 시설과 재래시장 전용 상품권 등을 만들고 있어요. 또 나라에서는 대형 마트가 쉬는 날을 정하도록 권유하고 있지요.

부동산·석유·외환 시장

　집·땅 같은 옮길 수 없는 재산을 부동산이라고 해요. 부동산이 사고팔리는 것을 부동산 시장이라고 하지요. 이 밖에 나라끼리 석유를 사고파는 시장, 서로 다른 돈을 사고파는 시장도 있답니다.

똑똑한 소비자가 가져야 할 똑똑한 습관

소비자는 시장에서 현명하지 못한 소비를 하거나 예기치 않은 피해를 입을 수 있어요. 하지만 다음과 같은 습관을 잊지 않는다면 똑똑한 소비자가 될 수 있을 거예요.

똑똑한 소비자가 되는 습관 1

좋은 물건을 더 싸게 사기 위해서, 꼼꼼하게 가격을 비교해요.

똑똑한 소비자가 되는 습관 2

원산지를 꼭 확인해요. 먹거리를 살 때 더 주의해야 해요.

> 좋은 물건을 더 싸게 사기 위해서, 꼼꼼하게 가격을 비교해요.

소비자를 보호하는 소비자 보호법
소비자의 이익을 보호하기 위해 만든 법이에요. 소비자가 물건을 구입할 곳을 자유롭게 선택하거나 피해를 입었을 때 적절한 보상을 받을 수 있다는 내용을 법으로 정해 놓았지요.

"이 화장품을 쓰고 얼굴이 이렇게 됐어요!"

"죄송합니다! 화장품값을 돌려 드리고, 치료비도 드릴게요!"

똑똑한 소비자가 되는 습관 3

구입한 물건으로 피해를 입었다면 당당히 보상받아요.

똑똑한 소비자가 되는 습관 4

기업이 상품의 불편한 점을 고칠 수 있게 의견을 내요.

"우리 회사 홈페이지에 젖병의 크기가 너무 커 아기들이 물기 불편하다는 의견이 많더군요."
"네. 그래서 젖병 크기를 다양하게 만들어 판매하려고 준비 중입니다."

미션 6
안 입는 청바지를 티셔츠로 만들어라!

체험 남대문 시장

세상에는 정말로 다양한 시장이 있어요. 아직 못 가 본 시장이 많다는 건 정말 신나는 일이지요. 말이 나온 김에 오늘은 훈이에게 시장 구경을 실컷 시켜 주려고 한답니다!

벼룩이 들끓는 시장? - 벼룩시장의 시작

벼룩시장은 야외에서 오래된 물건이나 중고 물건을 사고파는 시장을 말해요. 벼룩시장이 처음 시작된 나라는 프랑스랍니다. 벼룩시장이라는 말은 1800년대 말부터 유럽에서 사용해 왔는데 벼룩이 들끓을 정도로 오래된 물건들을 판다는 의미에서 생겨난 말이에요.

우리나라에서는 주로 각자 쓰던 물건을 가지고 나와 물물 교환을 하거나 싸게 파는 것을 벼룩시장이라고 해요.

벼룩시장에서 파는 물건들은 대부분 누군가가 사용하다 필요 없어진 중고품이에요. 이 물건들을 그냥 버리면 환경을 위협하는 쓰레기가 되지만, 벼룩시장에서 팔리는 순간 누군가의 보물이 되지요.

세계에서 가장 유명한 벼룩시장은 어디일까?

프랑스 파리에는 크고 작은 벼룩시장이 여러 개 있어요. 그 가운데 생투앙 벼룩시장은 프랑스 아니, 세계에서 가장 유명한 벼룩시장이지요. 이곳에서는 오래된 미술 작품과 가구, 그릇, 옷, 동전, 우표 등 무척 다양한 물건을 팔고 있어요.

주말마다 벼룩시장이 열리면 프랑스 사람은 물론 외국인까지 수많은 사람들이 몰려들지요.

벼룩시장이니까 값이 무척 쌀 것 같다고요? 이곳에서 파는 오래된 가구와 독특한 물건들은 새 물건보다 5~10배나 비싸다고 해요. 아주 오래전에 만들었고 구하기 어려운 것들이기 때문이랍니다.

역사도 일등, 크기도 일등 남대문 시장

"박사님! 이제 약속을 지키실 시간이에요. 마지막 미션 성공하면 남대문 시장에 데려가 주신다고 했잖아요?"

"알고 있어! 안 그래도 지금 가려고 했다고!"

"그런데 왜 남대문 시장에 데려가시는 거예요? 다른 시장하고 뭐가 달라요?"

"남대문 시장이 우리나라에서 가장 역사가 오래되고 큰 시장이기 때문이야. 참, 남대문은 숭례문의 다른 이름이란다."

"남대문 시장이라고 이름 붙은 특별한 이유가 있어요?"

"남대문 옆에 있으니 남대문 시장이지! 남대문은 조선 시대 수도였던 한양의 정문이었어. 오가는 사람들이 많다 보니 자연스럽게 시장이 만들어졌지. 그게 지금까지 이어져 우리나라를 대표하는 종합 시장이 되었단다. 자, 이제 도착했구나!"

> **남대문 시장의 역사**
> 남대문 시장은 조선 태종 때 나라에서 관리하는 시전의 형태로 처음 생겼어요. 임진왜란이 일어난 뒤 누구나 자유롭게 가게를 열 수 있게 되면서, 가장 크고 유명한 시장으로 발전했지요.

"어라? 박사님이 어디 가셨지? 박사님! 박사님!"

"훈이 너 어디 갔던 거냐! 잃어버린 줄 알고 얼마나 놀랐는지 알아?"

"시장 구경을 하고 있었는데 어느 순간 박사님이 안 보였어요."

"남대문 시장은 엄청나게 커! 시장으로 들어서는 문만 해도 7개나 있지. 자칫하면 길을 잃어버릴 수 있으니까 앞으로는 나를 잘 따라다니거라!"

"알겠어요. 근데 사람이 정말 많아요."

"남대문 시장에 있는 상점의 수는 약 1만 개, 하루 동안 시장을 찾는 사람은 무려 50만 명이나 된단다. 그 가운데는 외국인들도 많지. 그래서 이곳 상인들은 외국어 공부도 열심히 한다고 해!"

"어라? 박사님! 없는 게 없는 시장이라더니 여기엔 문구점뿐이잖아요?"

"여기는 문구점이 몰려 있는 문구 전문 상가란다."

"문구 전문 상가요?"

"남대문 시장에는 어떤 물건을 집중적으로 파는 상점들이 많은데 이것을 전문 상가라고 해. 남대문 시장이 지금처럼 발전한 데에는 전문 상가들의 힘이 컸단다. 생산자와 소비자를 바로 연결하기 때문에……."

"물건의 질은 올라가고 가격은 낮아졌겠군요?"

"오! 지금까지 미션을 한 보람이 있구나! 이제 시장 박사가 다 되었어!"

"여기는 아동복 전문 상가란다."

"이야~ 저 안 그래도 티셔츠 하나 필요했는데 어떻게 아셨어요?"

"남대문 아동복 전문 상가 대부분은 공장을 함께 운영하고 있어서 무척 싼 값에 옷을 살 수 있단다. 어린이를 위한 옷·신발·모자 등 없는 것이 없지."

"박사님! 저 티셔츠가 필요하다고요!"

"자, 구경 다 했으니 이제 다른 전문 시장으로 가 볼까?"

"박사님! 치사하게 정말 이러실 거예요!"

남대문 시장의 다양한 전문 상가들
남대문 시장에는 다양한 전문 상가가 있어요. 안경 상가, 그릇 상가, 가죽 제품 상가, 외국에서 파는 물건들만 모아 놓은 상가, 건강식품 상가 등이 손님을 기다리지요. 외국인 관광객을 위해 김·홍삼 등을 전문으로 파는 가게도 많다고 해요.

"박사님~ 맛있는 것 사 주신다더니 밥은 언제 먹어요?"

"다 왔어! 짜잔, 여기가 바로 남대문 시장에서 가장 유명한 먹자골목이다!"

"킁킁, 매콤한 냄새가 나는데요?"

"역시 개코구나. 여긴 갈치조림 가게들이 몰려 있는 갈치조림 골목이야. 30여 년 전 하나둘 생겨난 갈치조림 가게들은 지금은 열 군데 정도가 됐지. 이제는 이 갈치조림을 먹기 위해 일부러 시장을 찾는 사람들도 많아졌어."

"우리도 얼른 들어가요! 아주머니, 여기 2인분 주세요."

"녀석, 급하긴! 뜨거우니 식혀서 먹어!"

"우아, 정말 맛있어요! 도톰한 갈치 살이 입에서 사르르 녹아요!"

"남대문 시장에 오길 잘했지?"

"네! 박사님, 후식으로는 호떡 사 주세요!"

"엥? 그건 또 언제 본 게냐? 그리고 호떡이 무슨 후식이야?"

"아까 오는 길에 봤지요. 빨리 가야 해요! 호떡 가게에 줄이 엄청 길더라고요."

"그래, 기분이다! 내가 오늘 전부 다 산다!"

남대문 맛, 맛, 맛

남대문 시장에 가면 여러 가지 음식을 맛볼 수 있어요. 양파·당근·당면 등을 넣어 튀기는 야채 호떡! 여러 가지 나물을 골고루 담은 영양 만점 꽁보리 비빔밥! 칼국수를 시키면 냉면을, 냉면을 시키면 칼국수를 서비스로 주는 곳도 있지요. 그뿐만 아니라 떡볶이, 크로켓, 어묵, 만두, 찐빵 등도 있답니다.

한 눈 에 쏙

안 입는 청바지를
티셔츠로 만들어라! ▶ 벼룩시장을
이용하라!

중고품을 파는 시장, 벼룩시장

유럽에서 처음 시작된 벼룩시장은 중고품을 파는 시장이에요. 벼룩이 들끓을 정도로 오래된 물건들을 판다는 의미에서 벼룩시장이라는 이름이 붙었지요. 우리나라에서는 쓰던 물건을 물물 교환하거나 싸게 파는 것을 이야기해요.

남대문 시장의 모든 것

우리나라의 대표적인 종합 시장
남대문 시장

조선 시대 처음 만들어진 뒤 우리나라에서 가장 크고 유명한 시장이 되었어요.

전문 상가들이 있어 다양한 물건을 싸게 살 수 있어요.

갈치조림, 호떡, 냉면 등 맛집이 많아요.

우리나라의 특별한 시장들

강원도 춘천 낭만 시장 : 이곳에서 꼭 먹어야 할 음식은 춘천을 대표하는 닭갈비

서울 청계천 8가 고물 시장 : 엿장수 가위·낡은 요강·족두리 같은 골동품과 중고 가전제품 등을 파는 만물 시장

강원도 정선 아리랑 시장 : 강원도 특산품인 옥수수와 다양한 산나물이 가득한 전통 시장

대구 약령 시장 : 우리나라에서 가장 오래된 한약 재료 시장

충남 금산 인삼 시장 : 우리나라에서 가장 큰 인삼 시장! 배가 고플 땐 인삼 튀김과 인삼 삼계탕을 먹으면 좋다.

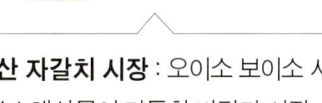

경남 하동 화개 장터 : 경상도와 전라도를 잇는 곳에 자리한 시장으로 녹차와 지리산 약초가 유명하다.

부산 자갈치 시장 : 오이소 보이소 사이소! 해산물이 가득한 바닷가 시장

한 걸음 더

비행기 타고 시장에 가자! – 세계의 시장 이야기

두바이에는 금을 파는 시장인 골드 수크가 있어요. 수크는 무엇이든 가져다 놓고 파는 시장을 뜻해요. 전 세계의 금 3분의 1 이상이 이곳에서 사고팔린답니다.

두바이 골드 수크

타이완의 수도 타이베이에서 가장 큰 시장의 하나인 스린 야시장은 오후 6시에 문을 열고, 새벽 3시에 문을 닫아요. 좁은 골목마다 젊은이들을 위한 옷가게와 닭튀김, 과일 빙수 등을 파는 포장마차가 몰려 있지요.

타이완 스린 야시장

태국의 수도 방콕에서 2시간 거리에 있는 담는사두악 수상 시장은 물 위에 있는 시장이에요. 손님과 상인은 '삼판'이라고 하는 배를 타고 다니며 물건을 사고팔아요. 이 시장에서 많이 팔리는 물건은 망고, 파파야 같은 과일과 꽃, 기념품 등이에요. 그뿐만이 아니라 즉석에서 요리한 음식들도 맛볼 수 있답니다.

태국 담는사두악 수상 시장

터키 그랜드 바자르

터키의 수도 이스탄불에 있는 그랜드 바자르는 세계에서 가장 크고 오래된 실내 시장이에요. 60여 개의 미로 같은 통로에 5,000개에 가까운 가게가 촘촘히 들어서 있고 시장에 들어가는 출입구만 100개가 넘는답니다. 카펫, 그릇, 향신료 등 터키의 특산품들을 한눈에 살펴볼 수 있어요.

미션 1. 생선으로 밥을 지어라!

1 바닷가에 사는 우가우가는 물고기를 잡아먹고 살았어요. 들에 사는 부가부가는 농사를 지어 얻은 곡식을 먹었지요. 늘 같은 것만 먹어야 했던 두 사람이 길을 가다 우연히 만났어요. 둘은 서로가 가진 물건을 맞바꾸었지요. 이처럼 필요한 물건을 맞바꾸는 일을 무엇이라고 하나요?

2 최초의 시장은 어떻게 생겨났을까요? 그림을 보고 순서대로 정리해 보세요.

①
②
③

① 사람들은 서로 물건을 맞바꾸는 방법으로 필요한 물건을 얻었지요.

② 아주 옛날, 사람들은 먹을 것을 찾아 떠돌아다니며 살았어요.

③ 만나는 날짜를 정해 물건을 맞바꾸는 시장이 생겨났어요.

3 친구들이 가진 물건 가운데 다른 물건으로 맞바꾸고 싶은 것이 있나요? 맞바꾸고 싶은 물건과 그 이유를 써 보세요. 서술형문항대비

(　　　　)을/를 (　　　　)와/과 바꾸고 싶어요.
그 이유는 (　　　　　　　　　　　　)이에요.

4 옛날 돈이 없을 때에는 살아가는 데 꼭 필요해서 가치가 높지만 쉽게 상하지 않는 물건인 소금, 베, 곡식 등으로 물건의 값을 정했어요. 이렇게 돈의 역할을 한 물건을 상품 화폐 또는 물품 화폐라고 하지요. 친구들만의 상품 화폐를 정해 보세요. 그리고 그 이유도 함께 써 보세요. 서술형문항대비

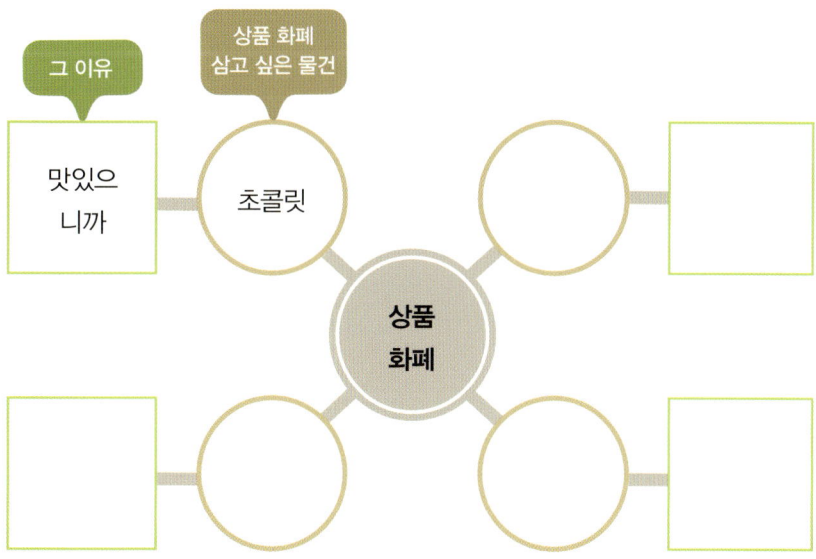

미션 2. 동전의 정체를 밝혀라!

1 신라·고려·조선 시대에도 시장이 있었대요. 나라마다 시장을 부르는 이름도 있었지요. 나라와 시장의 이름을 알맞게 짝지어 보세요.

① 신라　　　　　㉠ 수도 한양의 시장, 시전

② 고려　　　　　㉡ 수도 개경의 시장, 방시

③ 조선　　　　　㉢ 수도에 있는 시장이라는 뜻의 경시

2 조선 초기에는 시장의 발달이 주춤했다고 해요. 하지만 조선 후기에 이르러서는 시장이 발달하기 시작했지요. 그 이유는 무엇일지 아래 글을 읽고 빈칸을 채워 보세요.

> 조선 초기에는 (　①　)을 중요하게 여기고 (　②　)을 천하게 여겨 시장이 발달하지 못했어요. 하지만 (　③　) 뒤 나라의 살림이 어려워지자 백성들이 자유롭게 장사할 수 있도록 여러 가지 정책이 마련되었어요. 그러면서 시장이 발달하게 되었답니다.

3 다음 단어들과 관계 깊은 인물은 누구일까요?

통일 신라　해적　완도　청해진　무역

① 이순신　　② 신사임당　　③ 장보고　　④ 권율

4 임금님이 상품 화폐 대신 사용할 편리하고 가벼운 동전을 만들라는 명령을 내렸어요. 친구들이 신하라면 어떤 모양의 동전을 만들지 그린 뒤, 그 이유를 써 보세요. 서술형문항대비

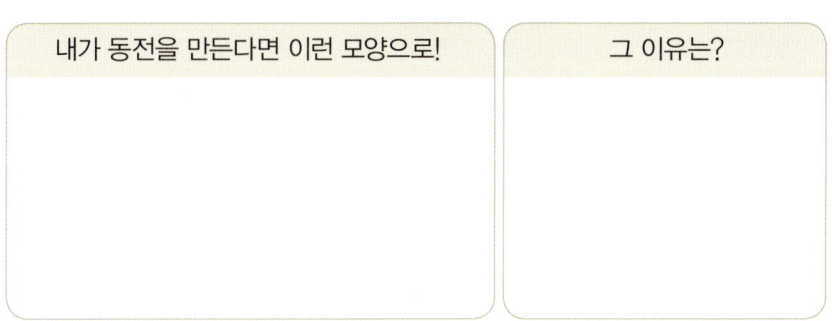

내가 동전을 만든다면 이런 모양으로!	그 이유는?

5 조선 시대 걸어 다니는 시장, 보부상이 있었다는 사실을 알고 있나요? 보부상은 봇짐이나 등짐을 지고 다니면서 물건을 파는 사람을 말하지요. 보부상은 보상과 부상을 합쳐 이르는 말이에요. 보상과 부상에 대한 알맞은 설명을 〈보기〉에서 찾아 정리해 보세요.

보상 :

부상 :

보기

① 물건을 보자기에 넣고 팔러 다녀 봇짐장수라고 했어요.
② 물건을 지게에 지고 다녀서 등짐장수라고 불렀어요.
③ 붓·먹·금·은 등 크기는 작지만 비싼 물건을 팔았어요.
④ 나무·그릇·토기 등 주로 값싸고 무거운 것을 팔았지요.

미션 3. 암호 풀어 시장 보기!

1 사진 속 연필과 물고기의 길이가 궁금해요. 자를 이용해 길이를 측정해 보세요. ※ 연필은 cm, 물고기는 mm의 단위로 측정하세요.

( )cm   ( )mm

2 아래에서 어떤 단위가 숨어 있는지 찾아 동그라미 표시해 보세요.

3 훈이가 스팀 박사의 심부름으로 시장에 가서 고추 500g과 감자 1kg을 샀어요. 훈이는 얼마를 내야 할까요?

고추 100g에 500원   감자 100g에 1,000원

4 〈보기〉의 단위는 우리나라에서만 쓰는 단위에요. 빈 칸에 알맞은 단위를 써넣어 보세요.

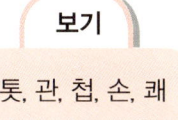

보기
톳, 관, 첩, 손, 쾌

한 ①   한 ②   한 ③

한 ④   한 ⑤

미션 4. 김 씨 아저씨를 대박 가게 사장님으로 만들어라!

1 치킨집을 하는 김 씨 아저씨가 경제학자 애덤 스미스를 만났어요. 대박 가게 사장이 되고 싶은 김 씨 아저씨의 질문에 애덤 스미스는 뭐라고 대답했을까요? 〈보기〉에서 찾아 빈칸을 채워 보세요.

보기

| 합리적인 가격 | 물건값 | 적절하게 |

치킨 한 마리에 5만 원을 받으면 금방 부자가 될 수 있겠죠?

상인들은 (①)을 자유롭게 결정할 수 있지만, 물건을 사는 사람들이 얼마나 물건을 사느냐에 따라 (②)이 결정돼요. 상인은 물건값을 (③) 정할 줄 알아야 하지요.

2 1795년 제주에 큰 태풍이 불어 농작물이 모두 쓸려 내려갔어요. 제주 사람들은 먹을 것이 없어 굶어 죽을 지경에 이르렀지요. 이때 상인 김만덕은 전 재산을 털어 육지에서 곡식을 구해 와 백성들에게 나누어 주었어요. 친구들이 김만덕이라면 어떻게 행동했을까요? 이유도 함께 써 보세요. 서술형문항대비

3 물건이 만들어지고 그 물건이 시장에 나와 사고팔리려면 다음과 같은 사람들이 필요해요. 어떤 사람에 대한 설명인지 이름과 설명을 바르게 짝지어 보세요.

① 생산자   ㉠ 물건을 만드는 사람

② 소비자   ㉡ 물건을 파는 사람

③ 판매자   ㉢ 물건을 사는 사람

미션 5. 시장에 가지 않고 물건을 사라!

1 요즘엔 시장에 가지 않고도 쇼핑을 할 수 있어요. 컴퓨터나 휴대 전화로 인터넷 쇼핑을, 텔레비전을 보며 홈 쇼핑을 할 수 있거든요. 하지만 인터넷 쇼핑과 홈 쇼핑을 할 때 주의할 점들도 많아요. 다음 중 잘못된 것은 무엇인가요?

① 컴퓨터나 텔레비전 화면으로 본 물건이 실제 받았을 때와 다를 수 있으니 유심히 살펴요.
② 교환이나 반품이 불편하니 꼭 필요한 물건인지 생각한 뒤 사요.
③ 홈 쇼핑의 경우 "곧 매진됩니다.", "오늘만 이 가격이에요!" 등의 말에 넘어가 충동구매하지 않도록 주의해요.
④ 집에서 편리하게 쇼핑할 수 있으니, 지금 당장 필요하지 않아도 값이 싸면 일단 사 두는 게 좋아요.

2 다음 중 똑똑한 소비자의 행동이 아닌 것을 찾아보세요.

① 좋은 물건을 더 싸게 사기 위해서, 꼼꼼하게 값을 비교해요.
② 원산지를 꼭 확인해요.
③ 피해를 입었지만 크게 아프지 않으면 그냥 넘어가요.
④ 기업이 상품의 불편한 점을 고칠 수 있게 의견을 내요.

3 재래시장, 대형 마트, 백화점의 공통점은 사람들이 필요한 물건을 판다는 거예요. 친구들의 부모님은 주로 어디에서 물건을 사나요? 또 그곳에서 물건을 사는 이유는 무엇이라고 생각하나요?

서술형문항대비

부모님께서 주로 물건을 사는 곳	그 이유는?

4 설명에 알맞은 시장을 〈보기〉에서 골라 써 보세요.

① 예전부터 있던 시장. 여러 가게가 모여 다양한 물건을 팖 (　　　)
② 집·땅 등 옮길 수 없는 재산을 파는 시장 (　　　)
③ 서로 다른 나라의 돈을 파는 시장 (　　　)

보기

약국　　부동산 시장　　편의점　　재래시장　　외환 시장

미션 6. 안 입는 청바지를 티셔츠로 만들어라!

1 주변에 있는 시장이나 우리나라의 유명한 시장에 다녀온 뒤, 체험 학습 보고서를 써 보세요.

주제	오감으로 느끼는 시장 체험	
장소		
날짜		
준비물		
체험 내용	시장에서 본 것 중에 가장 기억에 남는 것은?	
	시장에서 먹은 것 중에 가장 맛있었던 것은?	
	시장에서 만진 것 중에 가장 느낌이 강렬했던 것은?	
	시장에서 맡은 냄새 중에 가장 좋은 것과 가장 고약한 것은?	
	시장 하면 떠오르는 소리는 무엇인가요?	
느낀 점		

시끌벅적 시장 한 바퀴 정답

미션 1. 생선으로 밥을 지어라!

1. 물물 교환
2. ② → ① → ③

미션 2. 동전의 정체를 밝혀라!

1. ①-ⓒ ②-ⓛ ③-㉠
2. ① 농업 ② 상업 ③ 임진왜란
3. ③
5. 보상 : ①, ③ 부상 : ②, ④

미션 3. 암호 풀어 시장 보기!

1. ① 4cm ② 20mm
2. mL
3. 고추 : 500원×5 = 2,500원
   감자 : 1,000원×10 = 10,000원
   2,500원 +10,000원 = 12,500원
4. ① 쾌 ② 관 ③ 첩 ④ 손 ⑤ 톳

미션 4. 김 씨 아저씨를 대박 가게 사장님으로 만들어라!

1. ① 물건값 ② 합리적인 가격
   ③ 적절하게
3. ①-㉠ ②-ⓒ ③-ⓛ

미션 5. 시장에 가지 않고 물건을 사라!

1. ④
2. ③. 물건을 사용한 뒤 피해를 입었다면 당당히 보상받아야 해요.
4. ① 재래시장 ② 부동산 시장
   ③ 외환 시장

127

찾아보기

ㄱ
건원중보 ········· 40
경시 ············ 32
길이의 단위 ······ 52
김만덕 ·········· 74

ㄴ
남대문 시장 ······ 106

ㄷ
대형 마트 ········ 88
독점 ············ 79
들이의 단위 ······ 54

ㅁ
매점매석 ········· 79
무게의 단위 ······ 56
무역 ············ 38
물물 교환 ······· 16
물품 화폐 ······· 21

ㅂ
방시 ············ 32
백분율 ·········· 62
백화점 ·········· 89
벼룩시장 ········ 104
벽란도 ·········· 39
보부상 ·········· 36
보이지 않는 손 ··· 71
부동산 시장 ····· 92

ㅅ
상평통보 ········ 40
상품 화폐 ······· 20
석유 시장 ······· 93
소비자 보호법 ··· 97
시전 ············ 32

ㅇ
애덤 스미스 ····· 70
외환 시장 ······· 93
우리나라에서만
쓰는 단위 ······· 58
인터넷 쇼핑 ····· 86

ㅈ
임상옥 ·········· 72
임진왜란 ········ 34

ㅈ
장보고 ·········· 38
재래시장 ········ 90
조선 시대 상업 ··· 34
주식 시장 ······· 93

ㅊ
최초의 시장 ····· 18
청해진 ·········· 39

ㅎ
향시 ············ 32
허생전 ·········· 78
홈 쇼핑 ········· 87
환율 ············ 93

128